JN411600

온 세상 비춰줄 별이 되기를

장 봉 화 제4시집

시와사람

장봉화 제4시집
온 세상 비춰줄 별이 되기를

2023년 7월 20일 인쇄
2023년 7월 25일 발행

지은이 | 장 봉 화
펴낸이 | 강 경 호
인쇄·기획 | 도서출판 시와사람
등 록 | 1994년 6월 10일 제 05-01-0155호
주 소 | 광주시 동구 양림로119번길 21-1(학동)
전 화 | (062)224-5319
팩 스 | (062)225-5319
E-mail | jcapoet@hanmail.net

ISBN 978-89-5665-681-6 03810

값 10,000원

* 이 책은 동화건업((주) 대표 김기동)의 기부금과 광주문화재단
기부금 매칭 지원금으로 발간되었으며
판매액 전액을 천주교 광주대교구 사회복지회를 통하여
가난한 사람들을 위하여 쓰입니다.

온 세상 비춰줄 별이 되기를

시인의 말

아침에 피었더니
저녁에 시들었네

꿈인가 이슬인가
연기인가 바람인가
미분하고 적분해도 답은 없어라

우주에서 바라보니
깨알보다 작은 것이
눈앞에 들이대면
살점 한 덩어리

육체는 시한부요
마음은 영원해라

선조가 쌓은
업과 적은
자자손손
마음따라 핏줄따라
강물처럼 흐르리라

장봉화

차례

2 주춧돌이 흔들리면

3 바다가 내려다보이는 카페에서

4 하느님의 나라

1

시로 가는 길

몸을 움직이면
마음이 움직인다
마음이 움직이면
시로 가는 길에 들어서고
늘 시로움이 있다
위함이 아닌 향함에 가깝고
성찰하고 변화를
발견하는 데 관심이 있다

지루하다 느낄 때
걸음을 내딛는다
시로운 생각은 사람을 사람답게
시로 가는 길로 인도한다

시로 가는 길

지루하다 느끼면 움직인다
휘파람 소리를 보호색으로 두르고
움직이면서 움직임 떠올린다

박차고 나가 걸으며
자세히 살펴보고
생각 바꾸며
현상 바꾸는 것
모두 움직이는 일

몸 움직이면
마음이 움직인다
마음 움직이면
문학의 입주권 분양받은
시로 가는 길에 들어선다

늘 시로움이 있다
위함이 아닌 향함에 가깝고
성찰하고 변화를 발견하는 데
관심이 있다

지루하다 느낄 때
발걸음 내딛는다
시로운 생각은 사람을 사람답게
시로 가는 길 인도한다.

온 세상 비춰줄 별이 되기를

은싸라기 뿌려 놓은 듯
별들 깊어 가는 밤
서슬 퍼런 그때 그 시절이
바코드 찍힌 채 출력되고 있다

윤동주 시 읽으면
제 가슴 치는 나지막한 목소리

시계 소리 종소리가
먼먼 기억의 계절 너머
바람 소리에 겹쳐 들린다

아이의 영혼 가진 흰 눈처럼
순백한 그의 목소리

식민지의 어둠 속에서
가장 찬란한 별의 시간 살다간
시인

죽어서 별 되어 반짝이는
복음 된 그의 시 읽는 밤
그에게 인사 건네는 밤
온 세상 비춰줄 별 되길.

시인의 길

풍화의 설움 이겨내는
마애불과 와불에게서
이승의 허공자락 움켜쥔
그 기나긴 고뇌를 본다

마음의 강물에 풍화 담은 등 날리고
묘화 비추어 빛 투시한다
물에 비치는 등불 색다르니
오감의 균형이 다른 감각 깨워 준다

전생前生의 심장 같은
등불이 물의 심연에 비친다
영혼에 색칠한다면 어떤 색일까
탐욕의 유혹에 따를 것인가

경칩 지난 후
산수유 가지에
수수알 같은 게 다닥다닥 붙어 있다

꽃이 되려고 허물 벗는 순간
한 소년이 남몰래 사랑하는 소녀 위하여
애틋한 마음 열어 주며 기다리는 시간

평생 앞만 보고 달려온 견고한 자존감 쌓이고
덧대진 고집 털어내려는 소망으로
풍화하는 시간
스스로 잘게 부수고 있다

외부 환경에 스스로 노출하여
새 기법과 지식 습득하고 있다
시 창작법 수강하고
독서로 살아 있는 시 써 보련다
남은 시간 밀도 있게 부서지기 위해서.

목적지

어디인가
남보다 앞서려고
뒤지지 않으려고
상처의 안과 밖을 잘라
모르는 척
젖 먹던 힘까지 다하는가
무얼 위해 그리 달리는가
남들이 하니까 그리 하는가

믿었던 사람이 두 얼굴 가진 걸
알게 되니 슬프다
접목할 수 없는 어제와 오늘 이어 붙여
지도적인 위치에 있는 그
때와 장소에 따라 변하는 카멜레온이었다니

몸 못지 않게 소중한 것
그게 마음
마음 깃들지 못하면
있어도 있는 것이 아니고
살아도 살아있는 게 아니다

몸뚱이가
먹고 마시고 말하면서 걸어간다

나는 나다
나답게 산다

생각지도 않은
아름다운 풍광 만나듯
무수히 비밀스러운 목적지에
도달할 수도 있고
보석보다 더 값진 무얼 얻기도 한다
삶은 목적지가 아닌 여정.

시

혼이요 생명
백옥 같은 삶의 의미
늦게 만난 이 연인
다정한 집착과 환희로 다가온다

반짝이는 섬광
바구니에 담아보니
구슬이고 보석

표정 없는 존재
시간의 달달한 감정이
살아서 노래한다

알고 보니
선계에 들어와
사심 없이 근심 없이
살아가는 신선

보아야 보이고
느껴야 느끼는 것
잠자던 혼 깨어나게 한다.

웃음

오월은 가정의 달
손주들이 찾아올 생각만 해도
입끝이 귀에 걸린다
먼저 달려간 안부가 미소 짓고
입만이 아니라 눈으로도 웃는다

우습다 우스워 우스꽝스럽다
골목과 모퉁이가 마중하며 웃고
소笑하니 웃고
소리 없이 미소 짓고
떠들썩 홍소하고
대소 폭소 파안대소
재롱이나 재담에 웃고
해학 풍자 소극과 희극에 열광한다

슬렁슬렁 흔들면
아이들 웃음소리 리듬 탄다
온 가족 입가에
웃음소리 잔즐잔즐 피어난다.

폐선

아이들 먹이고
가르칠 땐 신났지

깔깔거리는 소리가
어디에 붙은지 몰랐지

보행차 앞세우고
고칠 곳 하도 많아

함께 은퇴하니
나도 울고 배도 울고

바다가 울음 우니
갈매기도 슬피 운다.

습관

행복의 지름길
낮과 밤 달뜨게 하는
긍정의 힘 준다

미소로 시작하니
순조롭고 편안하다

몸에 새겨진 길 따라
정시에 일어나서
운동하고 독서하고
취미 활동하면서 일한다

시간 맞춰 식사하니 아프지 않고
뭘 해야 할지 고민하지 않는다

한 번뿐인 인생
보람 있게 사는 비결 별것 아니다
꾸준히 지키는 습관이면 족하다.

표정

냉담한 안색과 쓸쓸한 낯빛
그 마음은
겉으로 드러나기 마련

영혼의 생김새가 인상으로 남으니
환하게 웃는 인상 싫어하는 이 없다

창조주의 걸작품
향기와 꽃으로 피어난
선한 얼굴은 최고의 추천서
결코 거짓말하지 않는다

꽃 피어나 열매 맺는 정원
이목구비에 좋은 표정 옷 입히면
생기로 빛날 수 있다

웃으면 행복이 바로 따라온다
표정이 쌓여 나의 얼굴 만들고
웃는 순간 피부까지 고운 물 든다

복은 내가 짓는 것
아름다운 인생 또한 내가 짓는다.

문장

화창한 날
꽃이 피면 더 아름다워요
시를 쓰니 선계에 들어와서
달콤한 저녁의 감정으로
신선이 되었어요

쉽게 읽으려면
짧고 단순하게 쓰고
참기름 뿌리면
맛이 더 정갈해지네요

밥과 반찬 호응만 맞춰도
맛이 살아나고
난폭한 표정의 군더기 거둬내면
힘 있는 문장 되었어요

메시지가 분명한
이 아름다운 문장은
편견 없는 사랑

세상을 바꾸고 싶나요
그렇다면 연필을 드세요
그리고 쓰세요.

불면

뒤치닥거리며
뜬눈으로 지새는 밤
불운을 답습하듯
세상은 다른 모습 보여 준다

밤이라는 바다 위로 떠오르고
어둠은 해변에서 찰싹인다

활짝 웃는 모습 보며 사랑에 빠진다
졸음 섞인 황홀한 안색의 그가
나를 보고 웃는다
잠이 나를 보고 웃는다

마음대로 얻는 것이 아니라
어루만지고 달래야만 하는 것
지배하여 얻는 게 아니라
순종할 때 찾아온다

비몽사몽 허우적거리다
아침에 도달한다

불면이 사랑으로 환생한다
내가 살아서 돌아온다.

무지개

하늘에
환하게 웃는 곡선
그 무지개가 떴다

무지개 보는 순간 가지고 싶어
소년은 잠자리채 들고 집 나서서
들판 지나 산 넘고 강에 닿았다

강에 이르렀을 때 눈부신 햇살과 새하얀 모래
어제도 없고 내일도 없고
솔직하고 희망적인 안색의 오늘만 있는
나른하고 충만한 일상이 마치 꿈만 같다

일곱 가지 빛깔이 선명하게 빛나는 건너편엔
가늘고 예쁜 띠가 번지듯 퍼져 나가고 있다
강에 뛰어들었다

강속에는 무수한 생명들이 살아 꿈틀거린다
앞서고 뒷서면서 춤추고 있는 모습들
보살펴 주기만 기다리는 나약한 존재들이 아니다

서로들 덕분에 살아가고 있다
손 뻗으면 닿은 거리였지만
무지개는 잡히지 않았다

소년은
무지개가 꿈의 다른 말이었다는 걸
깨달았다

물이 흠뻑 젖은 채로 집으로 돌아왔다
마음 주머니에 손 넣자
무언가 잡히는 것이 있었다

손가락 폈을 때 손가락 끝에는
일곱 빛깔 무지개가 빛나고 있었다.

임을 위한 행진곡

— 윤상원 열사를 기리며

어떻게 살 것인가
이 조국 위해 무얼 할 것인지
생의 바닥 같은
침울한 밤 새워 결심한다
복학하면 어려운 현실과 싸우리

은행원 안정 직장에도 교육지표 읽은 후
과감하게 걷어차고 들불 야학 합류한다

눈부신 시절이 흰나비로 날아오르며
불꽃처럼 살다간 누이야
왜 말없이 눈을 감았는가
믿기지 않는 사실에
모든 이들 서럽게 운다

마침내
광주의 오월 그날

시민군 대변인으로
학살 현장의 진상을 세계에 알린다

도청에 남은 청소년들 불러 모아
집으로 돌려보낸다

오늘 우리는 패배할 것
이 자리에 남은 사람은 살아남지 못할지라도
역사는 승리자로 기억할 것이니
살아남는 여러분 역사의 증인이 되어 주오

죽음 앞둔 그의 눈빛
부드러움 잃지 않으면서도 단호하다

수만 명의 군인들이 광주로 진입한 지
불과 몇 시간 만에
수십 명 동지와 함께 총에 맞아 죽는다

항전은 영원한 패배를 의미하지 않는다
앞서서 나가니 산 자여 따르라.

불안

세상의 눈으로 볼 때
위기가 들러붙고 상처가 흐르는
불안이 시작된다
감정은 죽일수록 나의 존재 없어진다

사는 게 서툴러서 불안하기만 하니
불안 느끼는 건 잘못이 아니야
미래의 시선 머무는 것도 잘못 아니야
시선을 현재로 끌어오고
불안을 과거로 옮긴다

나에게 재능이 있는지 생겨나는 의구심
천부적인 재능 없는 내가 할 수 있겠나
바닥의 자세로 나아가야 하기에
불안 때문에 더 열심히 일한다

궁극의 공포란 영원히 해소되지 않아
그냥 짊어지고 갈 수밖에 없으니
나에게 최면 걸면서 나아간다

불안한 내일 없는 오늘 살고 싶다
불안해서 움직인다
생각이 많아 우울한 걸까
우울해서 생각이 많은 걸까

생각은 기차가 아니라 잠시 멈췄다 가는 역
어떤 시련과 좌절이 찾아와도
스스로 행복할 자신감이 생긴다.

인생

걸어가면서 쌓아
만남과 이별
그 행과 연으로 이루어지는
문장 같은 것

신의 빈자리 될 수 있을 뿐
신이 될 수 없다
사랑하는 사람 잘 살아가게
살며시 어루만져 준다

마음과 시간 그 중심으로 들어가
타인의 슬픔과 고통
그의 입장에서 사색한다

사는 척하는가
이루려고 애쓰는가
허무 다스리며 산책하는 사람인가

악보가 아니라 연주
이렇게도 생각하는구나

어떤 대목에서든 충만감 느껴진다
허무 앞에서 헤여나온 사람이 되리

일 즐기고
공부가 재미있으며
재미있게 사는 게 구원

서둘러 판단하지 않고
느린 건 삶의 레시피
더러운 현실을 보았음에도
대성당을 가슴속에 품는다

죽음이란 삶의 완성
죽음 곁에 삶이 놓인다
영혼이 맑은 사람으로 기억되고 싶다.

화룡점정

노자의 도
문장의 차원에선
남은 문장 덜어내고
모자라면 채워 넣어
다정한 중심
그 균형 맞추는 것

뒤로 갈수록
깊이 있는 내용 되게
쉽고 재미있게
상냥하고 친근한 각도로
배려하는 것

용두사미가 아니라
화룡점정으로 끝내는 것

글의 끝이 보이는가
마지막 점 찍을 눈이 보이는가.

어떤 마음

스치듯 지나가는 순간의 느낌
해질녘의 표정처럼
가만히 들여다보면
자신의 모습이 차분히 나타난다
잠자리가 부드럽게 날갯짓을 하기 직전
해가 살포시 떠오르기 바로 전
무언가 느끼는 깊은 고요새가 울기 바로 전
잎사귀가 바스락거리는 소리 빗방울이
떨어지기 바로 전
새콤한 흙냄새 무언가를 고르기 전
오래전 기억 더듬거나
진실을 마주하기 바로 전
심장이 쿵쿵 뛰는 것 놓칠 뻔한 순간들에서
섬세히 길어 올린 한 조각의 마음
노을의 붉은 걸음처럼
눈 깜짝할 사이 짧은 시간
시간의 틈새로
미처 생각지 못했던
커다란 이야기 빚어낸다.

몸에는 경의검 옷에는 성성자

좌퇴계 우남명
생의 무한궤도에서
커다란 족적에다
품위 잃지 않은 향거처사
사회에 미친 영향력 벼슬아치 능가한다

현감직 마다하고 사직소 올리면서
대비는 남편 잃은 한 사람의 과부요
전하는 아비 잃은 어린 고아 불과한데
갈라진 민심 어떻게든 재우소서

하늘의 말씀 같은
예로 세상 이치 이해한 퇴계에
의로 마음 공부 실천을 강조한다

몸에는 경의검敬義劍
불의에 타협하느니 세상 하직하리
옷에는 성성자省省子
스스로 경계하여 깨닫고 깨달으리

뇌룡정 지어 총생들 가르친다
책 속에 묻혀 사는 선비라도
무예 게을리하지 않았으니
왜란에 수많은 제자들 의병으로 활약한다

뇌룡정은 안과 밖 세상을 구분하여
안에는 사람 마음 바깥은 세상이니
들어오는 삿된 마음 경계한다

마음대로 살아가도
도는 지나침이 없고
명경지수로 살다가도
때가 되면 뇌성처럼 질타한다

청렴한 선비정신
곳곳에 살아 있다

영남 우도학파 기리려는 용암서원
안빈낙도 그의 삶과 실천하는 지성에
편지와 상소비 소리 없는 눈물

옳은 일 하되 나서지 않는
보기 드문 노블레스 오빌리주

소리가 소란해도
정작 쓸 말 적어진 시대

경의검 날이 서고
성성자 울어대도
할 말 없는 건지
기가 막혀 말문 막힌 건지.

2

주춧돌이 흔들리면

사과 농부가 웬 쌀값 시위야
아니야
쌀이 무너지면 사과도 무너지니까

작년 쌀값 오만 오천 원
올해는 사만 오천 원
아메리카노 한 잔에 사천 오백 원
밥 한 공기 쌀값은 삼백 원도 안 되네

쌀이 무너지면
사과도 무너지고
커피 또한 무너지리

주춧돌이 흔들리면
집 전체 무너지리

주춧돌이 흔들리면

어제 서울에 다녀왔어
서울은 무슨 일로?

땅이 어머니요 아버지인
농부들이 서울역에서 시위했거든
사과 농부가 웬 쌀값 시위야
아니야,
쌀이 무너지면 사과도 무너져

작년 쌀값 오만 오천 원
올해는 사만 오천 원
아메리카노 한 잔에 사천 오백 원
밥 한 공기 쌀값은 삼백 원꼴

우리 천년의 숨 같은
쌀이 무너지면
사과도 무너지고
커피도 무너지겠지

주춧돌이 흔들리면
집 전체 무너지듯.

운주사에서

불사바위 좌선 수행
감독하던 도선 스님

한쪽으로 기우는 심장
그 국토 불균형 염려하여
불상 천좌 불탑 천기 쌓았다
천년이 흘러가도
불균형 불평등 심화되니
천불 천탑 완성하리

천년의 꿈 솟구치는
와불 일어서는 날
국운이 융성하리

와불이여 일어서라
일어나라.

침묵

— 2022년 한국의 봄

머릿털 하나 차이로
한쪽은 울고
한쪽은 웃고 있다

호수는 구름의 햇살에
울상된 얼레달이 가여운 듯
흐린 연빛 낯색 짓고
어스름 달빛 속에
조용히 침묵 지키고 있다

날카로운 발톱 드러낸
어둠은 온통 현란하고도
비열한 수법으로 목 조여 오고
웃음 띤 얼굴 반쪽이
눈만 끔벅거리고 있다

번지는 칼날의 춤
그 불의에 침묵하는 건
지성인의 책임인데

웃음기 잃은 얼굴 반쪽이
눈만 끔벅거리고 있다

지금 느끼고 있는 침묵 속 고요
어떤 의미 품고 있는지
칼 갈고 날 세워 왔다
생각하지도 못하고 알지도 못한 사이에
정의롭다던 칼은 녹이 슬고
가진 자들이 더 가지겠다는 저 반란

침묵 속에서도 붓대롱 쥔 손가락은
제때 제대로 움직여야 했다.

폐지 줍는 노인

사랑 받아 보았나
배불리 먹어 보았나

희망의 일당 같은
폐지가 하나도 없다
새벽 일찍 안 가면

일찍만 나오면
천지가 내 것
춤춰도 누가 뭐라 하나

내일의 온기 같은
아비 어미 없는 손자 키운다
혼자서 많이 운다
화장실이 나의 쉼터

사람들이 나를 보고
힘 얻는다 한다
웃으니까

날마다
내 속은 썩어 간다

그나마 자존심이
노인의 몸 지탱하고 있다.

리어카

예측할 수 없는 생의 변수
그 오르막도 내리막도
힘들다

고철 플라스틱 종이 뭐든지 줍는다
열다섯 시간 일해 구천 원
손에 쥔다
곰탕 한 그릇도 못 먹는다

슬픔과 좌절의 신열 앓아
아플 때가 제일 힘들다
폐지 못 주우니까
돈 못 버니까
다리 아프고
허리 아프고
어깨도 아프다
진통제 먹는다

주말에도 쉬지 않는다
쉬어야지

쉬어서 가야지
그러면서 계속 일한다

짐이 많이 차면 쉬고
일하면 시간 가는 줄 모른다
힘들지, 힘 안 든다면 거짓말이지
강단으로 버티는 거지

가난만큼 괴롭히는 건 자동차다
가는 길 가로막는다
몇 번이나 사고 당할 뻔했다
인도 차도 구분되지 않은
중간길 걷는다.

얼어 빠진 손톱

생의 어느 허방에서 넘어져
언제 얼었는지 모른다
이게 도끼이고 연장이다
연장이면 대장간에 갔을 텐데
사람이라 가지 못한다

짐이 무거우면 몸이 가볍고
짐이 가벼우면 몸이 무겁다

결혼 후 이날까지 고생 시킨다
사고가 늘 따라다닌다
날마다 그만두고 싶다
자기가 그렇게 힘든데
나는 얼마나 아프겠나
할 수 있는 데까지 해야지
안 아프면 해야지

존재하지만
존재하지 않는 사람들

봄날의 감정과 무관하게
그들의 시간이 흘러간다
팔팔하던 그 모습
어디 간 곳이 없고
얼어 빠진 손톱만 남아 있다.

바람

아빠가
허공으로 번지는 해질녘의 걸음처럼
모시 정장에 백구두 신고 나가
들어오지 않는다
늘 있는 일이라 무심결에 지나갔다

엄마가
심한 구토를 했는데
약 먹었다고 한다
아버지 동태 지켜보라며
집 나갔다가 사흘 견디지 못하고 돌아왔다

아빠는
졸음에 겨운 오후 세 시의 무심함처럼
아무 일도 없는 듯 모시옷 입고
왕골자리에 앉아
부채질하며 술 마시고 있다

중풍에 걸려 쓰러진 아버지
엄마가 뒷수발 다했다

바람 때문에 풍파와 함께 살면서도
갈라서지 못했다
잠자리 같이 한 건
서른아홉 살 때가 마지막이었다고 한다

왜 이혼하지 않고 살았어요?
다 너희들 때문이야!

언어의 온도

자음과 모음으로 뭉쳐진 온기로
누군가와 관심사 얘기하고
위안 얻기도 하지요
살리는 말은 환하고
큰 소리 분노 실리면 달아올라요
꽁꽁 마음 얼리기도 하고
언 마음 녹여 주기도 하지요

입꼬리에 달라붙은 말맛으로
몸집 부풀리는
말이라는 게 뭔지
사람이란 글자에서
받침 한 자 바꾸면 사랑이 되고
모음 하나 빼면 삶이 되지요

종이에도 새기고
머리와 가슴에도 새기고
마음 깊숙이 꽂힌 글귀는
지지 않는 꽃
그 꽃을 시라고 부르며 위안을 얻지요

시 한 줄에 감동하며
상처 낫게 하고
허기 달래기도 하지요

물건을 아끼듯 말을 아껴요
미움 원망 서러움으로
얽히고설킨 누군가에게
화상을 입힐지도 모르는
뜨거운 감정
허공에 훌훌 날려 보내 버려요

사람과 마주볼 수 있다는 것
소중한 일이 아닐 수 없지요

문장과 문장에 숨 불어넣으며
가슴으로 되새기고 곱씹으면
언어의 온도 되짚어볼 수 있지 않을까요.

어른

시간의 빈껍데기 같은
나이 들어 영양가 없는 말
늘어놓으면
노인이라 칭한다
그럴 땐 침묵이 금이다

많은 사람 죽어 가는
절체절명 위기에
지도자가
침묵하고 방관하면
지성인이 아니지

침묵이냐 말이냐
방관이냐 행동이냐

밤의 마지막 퍼즐 같은
침묵보다 아름다운 말
당신을 사랑해요

하찮은 일엔 침묵하고
의를 위해 행동하면
노인이 아니라 어른.

세상은 요지경

밥상을 뒤엎으며
방귀 뀐 놈이 성 내고

제가 한 내부 총질
파리에게 씌운다

시간의 굴레 같은
회초리보다
무서운 건 눈초리
쉰밥보다
서러운 건 눈칫밥

때리는 시어미보다
얄미운 건
회초리 들이대는 시누이

내일의 희극 빌어 준다는
씻김굿 한 판 배워
굿판 열고 춤추니
사이비 교주 되고

사설 읊어대니
눈먼 광신도들 열광한다

아멘 아멘
교주님 우리 교주님.

지평선

벽골제가 묻어나는
김제

시간의 지층으로 빚은
전통놀이 쌀요리 체험
농경문화 축제에서
콘서트와 드론판타지
블랙이글스 에어쇼까지
전통과 현대가 어우러지는 곳

피와 땀과 눈물이 주춧돌 이룬
아리랑 문학관
민초들의 수난과 투쟁을
대변하고 있다

눈 앞에 펼쳐지기보다
바로 아래
걸을 때마다
밟고 넘는 경계선

남편과 아내 갈라놓고
어미와 자식을 가른
너와 나를 가른 휴전선에서
당신을
그저 종이 위의 선으로
되돌리고 싶다.

입

움직이면 살고
멈추면 죽지만
나오는 게 문제다

한 채의 혀의 집에서 산다는
말은 입에서 나오는 것 같지만
실은 마음에서 나온다
무거운 것보다
가벼운 것이 더 문제
주고받는 말 때문에
혐오감 주며
욕을 먹고
어지럽히는 자
독설과 저주는
결국 자신에게 돌아온다

말맛으로 배고프거나 배부른
입 지키는 자
생명 보전하나
크게 벌리는 자

멸망에 이르니
미소 한 번 덕담 하나
좋은 보시布施라
어울려 사는 세상

알면서도 모르는 척
세상 사는 모습 아닌가
선 내는 선한 사람
입 닫고 혀 감춰 오래 산다

악 내는 악한 사람
입은 재앙의 문
혀는 몸 자르는 칼
악한 말은 말무덤[言塚]에 묻어라.

공정하다는 착각

감정의 배부름 부르는
승자에게 오만을
패자에게 굴욕을
주는 능력주의

능력은 부로 입증되어
생명 연장하고
빈자는 자격조차 없는데
환경 인종 성차별에는 반대하면서
저학력자에겐 편견으로
돈 따라가는 수능 점수
능력주의는 공정하게 작동하는가

공정과 정의란 공식은
맞는 건가
운이 주는 과실은 없는가
어스름의 낮아짐처럼
겸손히 일의 존엄성을
가치 있게 바라보고 있는가.

방치된 죽음

내일과 희망을 압수당한
연체된 고지서
빈 쌀 포대로
남아 있는 가난
죽음으로써만
존재 드러낸다

피로써 쟁취했던 평등
빈자들의 죽음에서
이미 평등하지 않다

경계와 경계 넘어가는
삶의 마지막 순간
마땅히 받아야 할
정성 어린 배웅을
받지 못한다

자본주의 전쟁터에서
죽음에서조차
방치되고 있다.

뚜껑

참맛 간직한
맥주나 와인의 소동
분란과 두려움과 다툼을
안간힘 다해 막아낸다

바위산 덮은 돌이
산을 산으로 만든다

제품 마무리
물건들 질서 유지
모두 뚜껑 덕분

아무리 뚜껑 닫아
틀어막아도
평화와 밤과 투쟁은
펄펄 끓는다

펄펄 끓는 가마솥
노동자의 주장과
빈자들의 울부짖음
뚜껑 덮어 잠재울 수 있을까.

사소한 관심

밥은 먹고 다니니?
끼니 거르는 건 아니지?
따스한 저녁의 체온 같은 한마디
핏줄이 같은 것도
호적이 같은 것도 아닌데
두 사람의 만남
여전히 편안한 존재는 아니다
바라는 건 단 하나
남이 아닌 우리 만나서
밥 먹고
산보하다 보니
내 편이라고 믿고 싶을 때가
종종 있다
너를 보면 반갑고
안 보면 궁금하니
추억의 다리 함께 건너며
오래 보면서 살아
무심함 넘어선 이 다정함은
과연 뭘까.

그늘

하루의 꽃잠 같은
산그늘이 내린 후에도
농부는 삽과 괭이 놓지 못한다

일렁이는 꽃멀미 가득한
바다에 그늘이 가득 깔린 후에도
어부는 그물 거두지 않는다

아버지 어머니 얼굴에 생긴
그늘을 알아보지 못했던 불효

황혼이 되어서야
회한에 젖어 있다.

3

바다가 내려다보이는 카페에서

말이 아니라도 들린다
꽃게의 침묵도
갈매기의 울음도 듣는다

하잘 것 없는 조개 하나가
사람 먹여 살리는 밥이 된다
대자연 속에서 얻어지는 씨알들이니까

이삭을 줍듯이 시를 쓴다

안개

이승에 한이 있는 여귀가
뿜어내는 저 입김
횡설수설한 저 하얀 말들

잡을 수 없으면서
북향으로 상을 차려놓고
해와 바람
간절히 부르는 이들
둘러싸며 떼어놓는다

어선과 객선이
가장 무서워해도
해가 떠오르고
바람이 불어오면
언제 그랬느냐 한다.

4월

봄의 입꼬리가 처지면
노곤하고 나른한 삭신
두릅 부추 쑥
달래 냉이 씀바귀
제철 채소에 입맛 돋는 계절

천적도 없는 겨울 속에서
잠자던 세포가
깨어나
희망이 약동하는 계절.

바래봉 철쭉

붉게 시간 화장한
지리산 바래봉에
미의 경연 열렸다

붉은 융단 깔아놓아
노을 내리는 빛의 향연
등산객의 볼에 핀 꽃들
붉음이 어울리니
붉고 또 붉다

어느 것이
더 낫다 하지 못하리
제 몸 활짝 여는
한 장 한 장의 춘화
그저 멍하니 바라볼 뿐
자연의 조화 어찌 알까.

어떤 질문

목련 벚꽃 사라진
자리에 철쭉이 만발하니
봄의 겨드랑이가 간지러워
탄성이 허공을 날은다

오뉴월 남풍 불면
보리꽃 나풀나풀
팔구월 뙤약볕엔
나락꽃 한들한들

생명이 살도록
양식 주는 꽃들에겐
따스하게 입술 여는
감동도 찬사도 한마디 없다

세상에 소중한 건 무엇인가
생명의 원천은 누구인가.

바다가 내려다보이는 카페에서

유리창 사이로 보이는 하늘
구름에 둘러싸인 바다
수평선처럼 가는 속눈썹 올리며
허공에 눈맞춘다

빠르던 시간 느리게 가고
맨살 맨몸 되는 기분에
마음 안온하다

비릿한 갯내음 같은
말이 아니라도 들린다
꽃게의 침묵도
갈매기의 울음도 듣는다

하잘 것 없는 조개 하나가
사람 먹여 살리는 밥이 된다
대자연 속에서 얻어지는 씨알들

이삭 줍듯이
시를 쓴다.

이팝나무

봄햇살로 한 솥 지은
하얀 쌀밥
고봉밥 떠올리니
은은한 향 피우며
보름 넘게 어울린다

활짝 피면 풍년 들고
부실하면 흉년 들어
꽃이 필 무렵
모내기와 정확히 맞닿는다

보릿고개 배곯아
죽은 넋 위로하려
무덤가에 이팝나무 심었다지

모락모락 아지랑이 밥 짓는 내음
그 오월이면 어김없이 피어나는
이팝나무 꽃무리에
돌아가신 부모를 떠올린다.

찔레꽃

추억의 언덕배기에
그 시절이 몸살 앓듯
찔레꽃이 지천이다

배 고플 때 꺾어 먹던
삘기, 송기, 찔레 줄기

가난에 팔려 간
하얀 웃음 하얀 울음
그 어린 소녀

나는 먹었다
하시던 어머니

꽃으로
환생했나 봐.

물봉선

화장 배우려는 여인
작은 입술 홍자색
호기심으로 뭉쳐 있는
안쪽은 더 요염하다

패션 감각 남달라서
참을 수가 없다

가까이 가면
색과 향 몸에 숨기며
흥 하고
돌아설 것만 같다

손대면 '톡' 하고 터지니
가까이 오지 말라

어디로 튈지 모른다
그대가 싫어서가 아니다

자식이 멀리 가서
잘 살기 바라는 모정.

수국

철따라 흙 따라
색깔 바꾸는 변장술쟁이

목덜미까지 향기 차올라
유혹하는 교태인가
사랑의 손짓인가

수놓아 수구화냐
물 좋아 수국화냐

지상의 첫 얼굴 찾기 위해
뭉게구름 내려온 듯
아이 같이 피어올라
대지 기어 돌담 넘는다

나를 봐 주세요
사랑 부르듯.

실달개비

샛노란 암술 가진 새하얀 꽃
낭창낭창 몸매 실날 같은 마디에
추억 못 잊은 혼잣말들이
가냘프게 매달려 눈으로 말한다

안간힘으로
꽃잎 같은 주먹 움켜쥐어도
목숨은 단 한 철
봄부터 여름까지
해 뜨면 피었다가
노을 보고 지고 마는
하루살이 삶

청순하고 우아한
저 수정 같은 아름다움
어떤 낭군이 알아 볼까

오소서, 내 님이여
고개 들어 눈 빠지게 기다리고 있다오.

흰제비꽃

산기슭 같은 낮은 자세로
고개 숙여 들여다보아야
볼 수 있는 작은 것들
살랑살랑 부는 바람에
가늘게 흔들린다

정오와 한낮을 가로질러
다니던 길 지나다가
돌담 아래서
우윳빛 제비꽃 만났다

눈길 닿지 않는 곳에
작은 무리 이뤘다

청초하여 곱고
겸양할 것 하나 없어
바라보는 이가 겸연쩍다

문명의 틀 안에서
기계처럼 바삐 돌아

자연 볼 줄 몰라
우울할 땐 하늘 본다

작은 것 얼굴 보려면
납짝 엎드려야 한다.

올챙이솔

절반의 빛과 어둠
그 질곡에 갇힌 생의 아픔에
몸은 갈래갈래 갈라지고
연약하고 가늘어도
마음은 철심보다 강하다

뾰족한 송곳과 톱니로
적 물리치던 용맹
꽃 피고 열매 맺어
자손 번식하는 자부심으로 산다

누가 나더러 미물이라 했느냐
사랑과 배려 상생의 마음 장대하다

막판까지 치닫는 분노 같은
오수를 정화하고
물고기들의 보금자리
맑은 공기 제공하는 존재
하찮게 보지 말자

오늘도 희망의 하얀 깃발
하늘 높이 휘날린다.

나팔꽃

누구에게나
딱 벌어진 아침의 입으로
방긋방긋 웃어 주니
바람둥이
여인들 수군수군
울컥 입이 다물어지고 말았다

동네방네
나팔나팔 소문이 나고
얼굴이
빨갛게 파랗게
하얗게 된다

생김새는 비슷해도
메꽃과는 다르다
상냥하고 아리땁고
도도하다

기분 좋으면
뛰뛰빵빵 노래도 부른다.

꽃무릇

불운에게도 일정량의 꽃은
허락처럼 피어난다

만나지 못하는 슬픔
피멍 들었는가

슬퍼서 화려하고
화려해서 슬퍼 보이는 꽃

한꺼번에 피었다가
순식간에 지고 마는

야생의 아름다움
빛나는 꽃

그리움에 지쳐서
눈물 흘린다.

갈매기

게으른 정오의 낮잠처럼
한가로이 지내다
항구 떠나는 배 보고
서글퍼서 운다
냐아오 냐아오

만선의 계절처럼
어선이 들어와도
상선이 들어와도
기쁜 노래 부른다
꽈아오 꽈아오

기쁠 때 기뻐하고
슬플 때 슬퍼하는 갈매기야
너는 나의 친구 아니냐
우린 가족 아니냐.

나비수국

환장하게 따스한 봄날이
살포시 내려앉아
꽃 피었어요
햇살 좋은 어느 날
꽃몽오리도 동글 동글

여린 발목 같은
잎 떨궈 추운 겨울
강인하게 이겨내고
봄 되니 새순 올려
나비처럼 사뿐사뿐.

벽

쓸쓸한 묘지기의 안색처럼
투명하고 차가운 벽 안
죽음의 폐허 되고
생명체가 돌처럼 굳어 있다

있어도
보이지도 않고
부숴 버릴 수도 없는
삶의 조건 같은 것일 뿐

주름과 세월과 그리움의 알람 같은
자명종이 멈추자
시계는 까마귀 소리 내고 있다
까마귀 떼 날아올라
숲 위를 맴돌며 울어대고 있다

고립과 고독의 상징 문명과
자연의 경계 건널 수 없는 강.

으아리

하얀 십자가
아침과 정오와 해질녘의 머리에
이고 지고
너른 들판 건너 산에 오른다

해마다
상처와 아픔으로 뭉쳐 있는
가시꽃은 피어나는가
다치면 으아 해서 으아리인가

어느 누가
그리워 마음 아픈지
가냘픈 꽃잎마다 눈물 맺힌다.

제비꽃

3월의 신접살림 같은
제비가 돌아올 때쯤 피는
봄의 전령사
눈길 닿지 않는 곳에 무리 지어
피어 있다
고개 숙여 들여다본다

실핏줄까지 여린
꽃잎이 가늘게
산들바람에 흔들 흔들
살아 있음에 감사하는 몸짓

청초하고 곱다
더 이상 겸양할 것도 없어
바라보니 무색할 뿐

때로는 하늘 본다
하늘이든 땅이든 문명 밖에 있는 것들
문명의 틀 안에서 자연이 잘 보이지 않으니
작은 것의 얼굴 보기 위해 땅바닥에 엎드린다

질병 터널이 보인다
아이도 어른도 돌 틈에 숨어 있다
살아내는 꽃 되기를.

폭포

급속히 수직으로 떨어진다
물안개 자욱하고
용이 선녀 팔 감아 오른다

태양이 얼굴 내밀자
서서히 자취 감춘 선녀
용이 안고 올라갔나
빛 속에 녹아들었나

연민과 사랑 사라지고
아름다운 변주의
여정만 계속된다

붉게 빛나는 노을
한순간 비워지고
슬픔이 자리를 차지한디

내 몸이 올라
더 넓은 세계로 나아간다

4

하느님의 나라

사랑이 목적이면
행복은 지금 이 순간
어느새
우리 삶 채우는 것이다

죽어서 가는 게 아니라
지금 바로 이곳이다

하느님의 나라

특정한 영토 아니라
섭리 자비 은총 머무르고
이루어지는 시간과의 관계

악인이
어쩌다가 들어간다면
하늘 언어로 빚어진 신앙과
새 삶 배우거나
다른 나라 찾아가야 한다

행복이 목적이면
언젠가
맨 나중이라는
먼 미래에 있지만

만남과 소통의 밀교 같은
사랑이 목적이면
행복은 지금 이 순간
어느새 우리 삶 채우는 것

죽어 가는 게 아니라
지금 바로 이곳.

성소

부르시는 목소리
듣고 따르는 양들의 응답
성직자와 수도자는 물론
평신도도 부르면
끈질긴 기다림의 끝자락에서
응답해야 한다

오류 없이 경청의 각도 맞춰
잘 듣는 것이 신앙의 핵심이고
믿음은 들음에서 태어난다

양들과 목자가
같은 길 가는 것
하나의 길에서
함께 살아가는 것

나의 성소(聖召)는 무엇인가
나에게 무엇을 부르는가
나는 어떻게 응답하는가.

사랑의 언어

영혼의 포옹과 같은
사랑은 입으로도 말하고
몸으로도 말한다

스킨십과 인정하는 말
함께하는 시간이고
선물과 봉사다

관심의 지층이 쌓이는
눈빛 하나
마음에 담긴 선물도
언어의 일종
사랑의 언어로 말하면
사랑의 그릇은 채워진다.

사람

자세히 보니
세 가지 유형이 있다

주려고 하는 사람
받기만 하는 사람
받아야만 주는 사람

배려와 친절의 중심처럼
먹을 걸 주어라
아무 것도 보이지 않는 곳에서
모두 배불리 먹는다

성체는 나누는 것
가장 먼 끝자리에서
첫자리로 오듯
나눌 때만
하느님 나라 세울 수 있다

주면 되돌아오고
기적이 일어난다

받지 않고
살아온 사람 없다

사람은
서로 기대야 산다.

평화

전쟁이 없으면
마음이 평안한가

세상이 어지러워 두렵고
어두워져 갈팡질팡한다면
물러설 곳 없는 생의 절벽
그 혼란 속 아픔 안에서
허탈한 무력감 앞에서
주님 보지 못하고
평온하지 못할 때
은총 주시니
평화스럽다

다행의 한가운데로 들어선
어느 날 두려움 이겨내
무지함 깨우치기를
평화 안에서 위로받기를

나와 우리를 통하여
낮고 어두운 곳

외로운 곳까지 가득하길

사랑으로 충만하고
정의가 강물처럼 흐르며
마음에 티끌 한 점 없길.

사랑의 기쁨

관계가 아니라
작용하는 기쁨
관계에서 기쁜 것이 아니라
배려의 가장자리
그 경험에서 얻는 기쁨

슬플 때 슬퍼하고
기쁠 때 기뻐하면
즐거울 때 즐거울 수 있다
혼자 있으면 외롭고
같이 있으면 불편해도
아름다운 일은 연결에서 생겨난다
어둠 속 외로움에서
사랑으로 나아가는 깨달음은
바깥세상으로 나가는 것

함께와 다정으로 가는 길목에서
이해하고 통하려면
나에게서 걸어 나와
만났을 때 이루어진다
무조건적 사랑은 없다.

이웃

또 다른 우리의 이름
그 이웃을
네 몸같이 사랑하라

율법 교사는
이웃이 누구입니까라며
율법 준수하는 사람들
친한 사람만 이웃이라고 생각한다

예수께선
이웃이 되어 준 사람이 누구냐며
아름다운 내일의 자세 같은
무조건적 사랑을 말씀하신다
사랑은
필요로 하는 일을 조건 없이 해주는 것
참다운 이웃이 되어 주는 것.

공간

봄날의 화사한 속삭임처럼
무엇을 배치할까
어떻게 활용할까

생각이나 감정을 조절할 수 있는 사물들
사랑하는 가족의 사진이나 기념품 같은 것들
날마다 보살피는 나무와 꽃들

침묵과 여백으로 맞물린
모서리 공간 활용하고
자연의 빛 함께 보면
신선한 공기 함께하면
느긋하다

에너지 가진 생명체들
고려하는 자리

마음을
살릴 수도 있고 죽일 수도 있으니
생명 불어넣는 자리

생명이 있는 시를 써야 하듯
살아 있는 신앙 가져야 하듯
공존하고 성장하는 자리.

불

세상에 불을 지르러 왔다
활활 타올라 봄날처럼 밝아질
사랑의 불이고 성령의 불

하느님 나라 향한
열정과 기쁨으로
십자가 기꺼이 지셨다

마음의 무릎이 꺾이는
유혹이나 죄
악과의 싸움에서
져서는 안 된다
포기해서도 안 된다

불태워야 할 것은
세속적인 욕심
시기와 질투

성령 통해서
날마다 새롭게
또 날마다 거룩하게.

보물

어린 시절
가장 소중한 건
또래 아이들의 꿈이 통통 튀는
딱지와 구슬

살아가면서
뜻하지 않은 은인 만나거나
재산 생기고
소중한 교훈 얻는다

태산 준령 넘으면
가시밭길 나오곤 하지만
눅눅한 우기와 같은
황무지 걷더라도
뜻하지 않은 보물 발견할 수 있다

하느님 말씀 안에
싹트고 자라나 익어 간다.

비설거지

맑은 하늘에 소나기 내리면
구름의 말씀에 충실한
어머니는
장독 닫고
빨래 걷으며
멍석의 곡식 담는다

아버지는
우장 쓰고 삽 들고
논으로 달려가
막히는 곳 트고
할 말이 많아 보이는
논둑이 터지지 않게
물길 돌린다

다급할 때는
어린이도 나선다

신앙의 빈틈이나
막힘은 무엇일까

누구의 죄 때문에
코비드19가 벌어졌느냐
물음의 물꼬 돌려야 한다

누구의 죄 때문인지
무엇 하라 부르시는지
벌하려고 오신 하느님 아니라
구원하러 오신 하느님 바라본다.

사랑과 불륜

마음의 팔이 안으로 굽는
내가 하면 비판
남이 하면 비난
내가 하면 차선 변경
남이 하면 끼어들기
잘 되면 제 덕이요
못 되면 조상 탓

간절기의 감정처럼
구분이 쉽지 않고
경계가 아슬아슬
문학상 많이 타도
말과 행동 따로 놀면
영혼 없는 시이니
용운 스님 육사 시인
동주 시인 기절초풍

행동 없는 믿음은
혼이 나간 신앙

뿌린 대로 거두리
죽은 뒤에 심판하리.

회개

이것도 주고 저것도 주고
모든 걸 주소서
욕심이 죄를 잉태하니
욕망과 불만으로 출렁이는
죄 중에 깨어나서 죄 중에 잠이 든다

이래선 안 되지
나 혼자서 사는 것이 아니니

회개는 회심悔心이라
영원한 피난처

영혼의 생명으로
감사히 영접하니
땅 향했던 마음을
꺼지지 않는 불꽃처럼

끝도 없는 바닥
그 깊은 수렁에서
새로 태어나는 것

관점 바꾸고
혼돈에서 순리로
동행하는 신나는 길

어쩌면 마지막일 수도 있는 것
붙으면 회개하고
떨어져도 감사하라

자기 중심에서 탈출하는
고통과 슬픔의 과정
함께 하는 기쁨이요 누리는 평화
사랑으로 시작하여
사랑으로 끝나는 생명의 길.

톤즈에서 예수를 본다

— 울지마 톤즈의 후속편 부활

남수단 작은 톤즈 마을 허름한 학교에서
6년 만에 국립 의대생 공무원 경호원 언론인까지 수십여
명 제자들
먹고 살기 위해 의사가 된 것이 아니라
신부님처럼 살아가겠다는 것
어디가 아프세요 묻지 않고
다짐과 기도 같은
환자 손부터 잡는다
주변 마을에서 찾아온 환자까지
아침부터 저녁까지
하루 종일 밥 굶으며 진료한다
신부님이 저희 곁에 돌아온 것 같아요
신부님 사랑이 제자들로 이어가는 부활
붉은 해질녘의 물드는 온기처럼
누구든 실천할 수 있는 삶
겸손하게 경청하고
진심으로 대하는 태도
가장 강한 힘은 사랑
절망을 희망으로 바꾸는

의사로서 교육자로서 지도자로서
톤즈 마을 허름한 성당에서 예수를 본다
예수는 대단한 분이 아니다
내 마음에 있다
이태석 신부에게서 예수를 본다.

탄생

순교자 집안에서 태어나
조선 성교회 위해 몸 바치겠다는 각오로
마카오에 유학하여
소리의 유목민 같은
4개 국어 능숙한
조선 근대의 길 열어젖힌
청년 김대건
그의 일생 그린 영화

외국인 신부 입국 위해
두만강 건너서 조선을 넘나들며
추위와 폭풍우에 천신만고 겪은 후
상해에서 신품성사 받는다

숨어서 전교 활동
선교사들 입국 돕다
국법 어긴 사제임이 밝혀진다

도시와 국가의 나침판 같은
세계지리 책 만들고

세계지도 번역하여
채색하여 바쳤어도
프랑스 함대 문책 사건
새남터에서 순교하니
강물을 이룬 선혈
새하얀 하늘에서 뇌성 친다

열성적 전교 활동
경건하고 당당한 자세
복자 위에 오르고
성인으로 선포된다

그의 탄생 200주년
유네스코 기념 인물

25년이라는 짧은 여정
모든 사람 본받아야 할
새로운 인물 탄생
새로운 역사 기록.

순교

선열들의
선혈 선혈 선혈
하늘로 흩어진 거룩한 울림
그 순교 성월에 묵상한다

어제와 아픔과 좌절이 간절히 원한
자유 있는 오늘
목숨 바치지 않더라도
감추어진 십자가의 신비
드러낼 수 있다

고신 극기 나눔 봉사
탐욕과의 싸움
작은 죽음 통하여
일상의 삶 봉헌하고
언젠가 닥칠 수 있는 죽음 준비한다

뜻을 가진 이에게만
베풀어지는 하느님의 선물.

눈

눈빛과 눈길이 열려 있다는
눈이라고
다 똑같은 것 아니다

사물을 보는 눈
기억으로 보는 눈
마음으로 보는 눈
영적으로 보는 눈

보아도 보지 못하는 눈
보지 않아도 보는 눈
사물만 보는 눈
마음까지 보는 눈
땅만 보는 눈
하느님을 보는 눈
순간만을 보는 눈
미래까지 꿰뚫어 보는 눈

그대는
어떤 눈 지니고 있는가.

성탄 전야

하느님의 모습 지니셨지만
생의 비탈길 같은 끝자락에서
오히려 자신을 비워
종의 모습 취하고 사람 되셨다
낮추어 죽음으로 구원하셨다

지혜로운 자 누구이며
어리석은 자 누구인가

어제와 오늘과 내일까지
가진 자들이
없는 사람들에게
관심도 사랑도 베풀지 않기에
외양간에서 태어나셨다

모든 사람 구원 위하여
없는 사람들과 함께 하신 메시아

가난하고 비천하게 살면서도 굴하지 않고
하느님과 함께 사는 사람에게

예수님 탄생이 먼저 전해졌다
사랑을 실천하는 바로 그 사람들에게.

연등

부처님은 법문하실 때마다
등불 켜면 복이 된다면서
희망과 내일을 끌어당기고 싶은
사람들은 등불 밝혔다

어느 날
회오리 바람 불어
모든 등이 꺼져도
꺼지지 않는 등불 하나 있으니
모든 중생 구제 위해
큰마음 가진 사람이 보시한 물건

안과 밖 환하게 읽는
연꽃 세워 연등 띄우면서
마음과 세상 어둠 밝힌다
어디에서든 연등은
나만을 위해서도 아니고
부처님만을 위해서도 아닌
우리 모두를 위한 등불

내 불 밝히기 위하여
남의 불은 끄려는 마음으로
살아가는 사람들이 많은 세상

작은 등불이나마
부처님께 공양 올린다
모든 중생의 어둠 없어지게 하고 싶어서.

하느님을 만나네

오늘 횡재했네

일상의 꼼꼼한 기록 같은
신문지며 종이상자
소주병과 깡통을
몇 달 동안 모아서
건네주자 하시는 말씀

뭘 이런 것까지

뜨거움이 생의 숨결 같은
국밥 한 그릇 잡수세요
아끼지 말고
꼭 드세요

세종대왕 한 닢
건네자 하시는 말씀

선하디선한 얼굴에서
하느님을 만난다

길거리에 오셨네
내 마음에도 오셨네.

반가사유상

미륵 기다리는 마음 담아
고요의 자세로
눈 가늘게 뜨고 명상하는
살짝 들어간 양 입가
살포시 얹는 두 손가락

고뇌 씻어줄 오묘한 미소와
반가부좌 튼 기품 있는 자세
슬픈 듯 슬프지 않고
웃는 듯하면서 준엄한 표정
마음속 헤아릴 수 없다

어둠과 추락과 비통으로
요동치는 세상 질주하는 사회
끊임없이 괴로워하는 인간들
고통에서 벗어나기 위하여
몸부림치고 있다.